AF356569

CONGRÈS INTERNATIONAL

D'HYGIÈNE ET DE DÉMOGRAPHIE

A PARIS EN 1889

QUATRIÈME QUESTION

Action du sol sur les germes pathogènes

RAPPORT

Par M. GRANCHER
Professeur à la Faculté de médecine de Paris

Et M. RICHARD
Professeur agrégé au Val-de-Grâce, membre du Comité consultatif d'hygiène de France

---

PUBLICATIONS DES *ANNALES ÉCONOMIQUES*

CHALLAMEL ET Cⁱᵉ

5, RUE JACOB, ET RUE FURSTENBERG, 2

PARIS

CONGRÈS INTERNATIONAL D'HYGIÈNE & DE DÉMOGRAPHIE

QUATRIÈME QUESTION

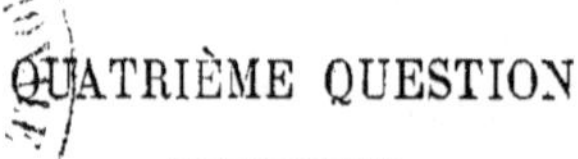

ACTION DU SOL SUR LES GERMES PATHOGÈNES

Rapport par M. GRANCHER

Professeur à la Faculté de médecine de Paris.

Et M. RICHARD

*Professeur agrégé au Val-de-Grâce, membre du Comité consultatif
d'hygiène publique de France.*

INTRODUCTION

Le sol reçoit les germes pathogènes les plus variés provenant
d'hommes ou d'animaux malades : ces germes lui arrivent soit avec
les déjections : crachats, matières vomies et matières fécales, urines,
sécrétion des plaies, des desquamations cutanées, etc., soit avec les
cadavres eux-mêmes de ces hommes ou de ces animaux. Une très
petite partie seulement de la matière infectieuse disponible dans le
monde va aux cours d'eau ; quant à la portion qui est entraînée par
l'air elle finit toujours, et cela rapidement, par tomber sur le sol.
Celui-ci est donc le grand aboutissant des microbes pathogènes et
nous avons un grand intérêt à savoir ce qu'ils y deviennent, d'autant
plus qu'en même temps qu'eux le sol reçoit de grandes provisions
de matière organique capable de leur servir d'aliment.

Peuvent-ils vivre dans le sol, s'y multiplier ou du moins s'y
conserver, pour revenir de nouveau à l'homme ou aux animaux, et

produire une infection nouvelle? C'est là un problème étiologique dont la solution est d'une importance extrême : tout récemment encore il s'est imposé à une Commission dont nous faisions partie au Comité consultatif d'hygiène publique, et à qui le Sénat demandait « si l'épandage tel qu'il est pratiqué à Gennevillers offre des dangers pour la sécurité publique ». Ce problème tire encore une importance exceptionnelle de ce fait que notre eau de boisson est une émanation du sol, et que là où le sol est infecté, l'eau dont il est abreuvé doit également être infectée, partant, capable de transmettre l'infection.

Nous devons le dire en commençant, la science est encore peu avancée sur le sort des germes pathogènes incorporés au sol. La question est trop vaste et à l'étude depuis trop peu de temps pour que nous puissions offrir ici autre chose qu'une doctrine à peine ébauchée. Nous possédons quelques données sur la biologie générale des microbes, peu de renseignements précis sur l'histoire naturelle de chaque germe spécial, et c'est là surtout ce qu'il importerait de connaître. Mais si nous en jugeons par les publications nombreuses que ces dernières années ont vu éclore sur ce sujet, nous pouvons augurer que dans un avenir pas trop lointain nous serons en possession, non pas de la solution complète du problème, du moins d'un certain nombre de connaissances précises qui entraîneront des applications précieuses dans la pratique.

I. — Présence des germes pathogènes dans le sol.

Un premier fait est certain : des microbes pathogènes existent dans le sol où leur présence peut être démontrée expérimentalement, quelle que soit d'ailleurs leur provenance, ce fait prouve qu'ils peuvent y vivre au moins un certain temps. Aucun autre produit naturel ne peut mieux que le sol, injecté à des animaux, déterminer des infections mortelles. « Lorsqu'on inocule des souris, des cobayes ou des lapins avec une parcelle de terre des rues ou des jardins, on obtient un pour cent d'animaux malades plus considérable qu'avec n'importe quel liquide putréfié riche en bactéries. Et encore le nombre des maladies infectieuses produites par la terre serait-il beaucoup plus varié, si la répartition du vibrion septique et de l'agent du tétanos n'était telle qu'ils masquent souvent d'autres agents d'infection, en provoquant la mort de l'animal bien avant que d'autres bactéries, se multipliant plus lentement, n'aient pu agir ». (Flügge.)

Les deux bacilles que nous venons de nommer sont tellement répandus dans le sol, qu'on est en droit d'en conclure qu'ils jouent un certain rôle dans la biologie générale : le vibrion septique (bacille de l'œdème malin) se trouve absolument partout, il ne se trouve peut-être pas une parcelle de la surface de la terre qui en soit exempte.

Le bacille du tétanos est aussi d'origine tellurique au premier chef: ce bacille est limité à de vastes circonscriptions géographiques, ou pour mieux dire, sa présence dans le sol est la règle, mais des contrées plus ou moins vastes semblent faire exception. C'est du moins ce que nous devons conclure d'après ce que nous savons de la géographie médicale du tétanos (1). On a jusqu'ici trouvé le bacille du tétanos dans beaucoup de points de la France, de l'Italie, de l'Autriche et de l'Allemagne. On a provoqué le tétanos en inoculant sous la peau, à des animaux, des échantillons de terre; dans la plaie on a constaté à peu près régulièrement, à côté d'autres bacilles, le bacille à tête d'épingle de Nicolaier, ainsi appelé à cause de sa spore terminale. De plus, on a publié dans ces derniers temps de nombreux cas de tétanos chez l'homme, dans lesquels la souillure de la plaie par de la terre était probable et dans lesquels l'inoculation de cette même terre à des animaux a reproduit le tétanos expérimental.

A côté du vibrion septique, qui est ubiquitaire dans le sol, et du bacille en épingle, qui est extrêmement répandu, se place une catégorie d'autres microbes pathogènes qui ne sont pas des habitants ordinaires du sol, qui, au contraire, sont les hôtes habituels, sinon obligés, de l'organisme animal qu'ils rendent malade et qui ne se rencontrent dans le sol qu'accidentellement, en certains lieux et à certaines époques : telle est la bactéridie charbonneuse qui se trouve sur les points où sont enfouis des cadavres d'animaux charbonneux, telle est encore le bacille typhique que Tryde et Salomonsen, de Copenhague, ont trouvé dans le sol d'une caserne infestée par la fièvre typhoïde. Cette caserne est située sur la partie basse de la ville, et le sol sur lequel elle repose est fréquemment inondé par les infiltrations d'un canal voisin. L'eau de ce canal reflue même au moment de la crue des eaux jusque dans le puits du réfectoire des marins casernés. M. Tryde préleva une parcelle du sol au voisinage de ce

---

(1) Nous admettons comme démontrée l'identité du tétanos traumatique du tétanos des nouveau-nés et du tétanos expérimental.

puits, à cinq pieds de profondeur ; il prit de même une autre parcelle sous le plancher du lit où reposait le premier marin atteint de
fièvre typhoïde, et ces deux échantillons contenaient le bacille d'Eberth
à l'état vivant. (An infection of Grunvand og Tyfusmitte. Soc. de
méd. de Copenhague, 9 déc. 1884.

Le bacille cholérique peut végéter sur le sol *humide*. « Lorsqu'on
étale sur du linge, sur du papier à filtrer et tout particulièrement
sur de la terre des déjections cholériques ou le contenu de l'intestin
d'un homme mort du choléra, on voit régulièrement, au bout de
vingt quatre heures, la mince couche d'humus se transformer en une
épaisse couche composée de bacilles en virgules. » Koch et Gaffky
(Bericht über die Thätigheit der zur Erforschung der cholera nach
Egypten und Indien entsandten Komission, p. 26.)

A côté de ces faits démontrés expérimentalement, il existe de nombreuses observations empruntées à l'épidémiologie, qui démontrent
jusqu'à l'évidence que les agents pathogènes ont émané du sol.
Pettenkofer et l'École de Munich ont rassemblé une collection
importante de faits, prouvant jusqu'à l'évidence la participation du
sol dans la genèse de beaucoup d'épidémies.

Il n'a pas été donné à Laveran de trouver dans le sol la plasmodie
que, grâce à ses beaux travaux, on sait aujourd'hui être l'agent de la
malaria. Cette démonstration n'a pas non plus pu être fournie par
l'un de nous, malgré de nombreuses recherches poursuivies pendant
deux années consécutives. Elle sera faite, nous n'en doutons pas,
la malaria étant la maladie *tellurique* par excellence (L. Colin).
Elle sera faite également pour la dyssenterie et pour l'ictère épidémique, autres affections dont l'apparition coïncide souvent avec des
bouleversements de terrains.

Cornet a prouvé la présence du bacille tuberculeux à l'état virulent
dans la poussière des salles de malades : nul doute après cela qu'il
ne puisse se conserver dans le sol au moins pendant un certain
temps. Il doit en être de même du pneumocoque que M. Netter a
conservé virulent pendant trois semaines à l'état sec.

Ces faits démontrent que le sol recèle des microbes pathogènes,
qu'il peut les recéler à peu près tous et que les infections les plus
variées peuvent dériver de lui.

II. — Répartition des bactéries pathogènes dans le sol

Les bactéries pathogènes obéissent dans leurs migrations à travers
le sol aux mêmes lois physiques que les saprogènes. Lorsqu'une

bactérie quelconque est déposée à la surface du sol, elle y reste jusqu'à ce qu'elle soit prise par les eaux de surface et charriée vers la profondeur. Cette migration à travers les pores du sol est extrêmement lente : on peut s'en faire une idée en se reportant aux travaux d'Hoffmann qui a calculé que dans un terrain assez perméable, avec la couche d'eau qui tombe en une année moyenne dans nos climats, une solution de sel marin mettrait de deux à trois ans pour pénétrer jusqu'à une profondeur de trois mètres. Or les bactéries, quelques faibles que soient leurs dimensions, seront loin d'avancer avec la même facilité qu'une solution saline et il leur faudra un temps bien autrement long pour faire un trajet équivalent.

Sans doute cette difficulté de progression est fonction du degré de perméabilité des terrains : un terrain à pores larges ou à brisures laissera passer les germes plus facilement qu'un terrain plus compact et sans fissures. Mais en ce qui concerne la surface, les différences varient dans des limites plus étroites qu'on ne pourrait le croire de prime abord. En effet, dans tout le sol, quel qu'il soit, les pores de la surface finissent par se colmater par l'apport constant de fines particules désagrégées qui les bouchent peu à peu, et mathématiquement il doit arriver un moment où il n'y a même plus de place pour le passage des bactéries. Les filtres à bassins de sable nous en offrent la preuve. Chacun de ces bassins représente une tranche de terrain extrêmement perméable : lorsqu'il est neuf, l'eau et les germes peuvent le traverser avec la plus grande facilité : mais dès le deuxième jour, l'eau, par sédimentation, a déposé sur la couche la plus superficielle de la masse filtrante des bactéries, des poussières minérales organiques, qui ont transformé cette couche en une sorte de membrane à mailles tellement serrées qu'elle laissera dorénavant passer l'eau et non les germes. Plus la filtration se prolonge et plus cette membrane se feutre, s'épaissit et offre une barrière efficace au passage des bactéries. Au bout d'une dizaine de jours en général la résistance au passage est devenue telle qu'elle ne permet même plus le passage d'un volume d'eau suffisant et qu'il faut régénérer le filtre, ce qui se fait très simplement par l'abrasion de la couche la plus superficielle, celle précisément qui a été colmatée et qui ne mesure que 3 millimètres au plus d'épaisseur. Si donc un terrain aussi perméable que le sable peut en quelques jours être transformé au point d'agir comme le terrain le plus compact, nous devons admettre que cette même transformation s'est opérée de longue date pour les terrains naturels. Sans doute il peut se produire des fissures accidentelles, mais elles seront passagères, attendu qu'elles seront vite comblées par des détritus de la roche désagrégée.

Si ce qui vient d'être dit est exact, toutes les bactéries doivent être cantonnées dans les couches les plus superficielles du sol où on doit les retrouver : c'est ce qu'ont demontré les recherches directes.

On sait depuis Koch (*Millheilungen*, vol. I, p. 35), qu'à partir de la faible profondeur de 1 mètre, les bactéries deviennent très rares dans la terre. Frænkel a, par des numérations précises, établi les deux lois suivantes :

1° Les couches superficielles du sol sont extrêmement riches en germes;

2° A une certaine profondeur il y a une limite à partir de laquelle le nombre des germes diminue brusquement : il continue ensuite à diminuer jusqu'à absence totale.

Ces deux lois sont également vraies pour les cas où la nappe d'eau souterraine baigne la couche qui abrite les bactéries.

L'épaisseur de la couche bactérifère varie suivant les terrains, mais dans des limites assez étroites. Sur un terrain vierge des environs de Potsdam elle mesurait de 75 centimètres à 2m,25 : sur le sol de Berlin elle mesurait entre 1 mètre et 2m,50.

Les exemples suivant donneront un aperçu des résultats auxquels a abouti Frænkel :

1° *Terrain vierge du Pfingsberg (près Potsdam).*

Profondeur, surface.	Nombre de germes au centimètre cube.
0m,50	450,000
1m,00	300,000
1m,50	150,000
2m,00	80,000
2m,00	200,000
2m,50	700
3m,00	100

2° *Terrain de Berlin (Jardin).*

0m,00	45,000
0m,25	35,000
0m,50	45,000
0m,75	28,000
1m,00	200
1m,25	800
1m,50	0

La diminution brusque est un fait constant extrêmement frappant. Par exemple, il n'est pas rare, après une zone renfermant 120,000 germes, d'en rencontrer à 50 centimètres plus bas une autre qui n'en renferme que 2,000.

Un fait nous intéresse plus spécialement dans ces études de Frænkel, c'est que jamais, dans les couches profondes de la zone bactérifère, il n'a réussi à déceler la présence d'une seule espèce pathogène.

Les bacilles du tétanos ne se trouvent pas dans la profondeur du sol. Beumer (*Zeitsch. f. Hyg.*, I. III, p. 242) a inoculé 80 souris blanches avec des échantillons de terre provenant de 30 centimètres à 2 mètres de profondeur; quatre seulement prirent le tétanos. Au contraire, les résultats ont été presque toujours positifs avec des échantillons pris à la surface des champs ou de la route de Greifswald. On peut donc affirmer qu'à une faible profondeur le bacille tétanique devient très rare.

Dans les expériences effectuées par MM. Grancher et Deschamps, nous avons vu le bacille typhique s'arrêter dans sa marche descendante à 50 centimètres de profondeur.

Quant à la répartition des espèces, nous savons par Koch que les microcoques sont beaucoup moins nombreux que les bacilles dans les couches superficielles cultivées : il a trouvé que par exception les microcoques dominaient dans les endroits qui avaient été fortement arrosés de purin. La proportion moindre des microcoques est donc la règle : cela tient d'abord à ce qu'ils n'ont pas de forme durable et qu'ils résistent beaucoup moins bien que les bacilles à la dessiccation et à l'action de la lumière solaire, ainsi que nous le verrons plus loin.

Les bacilles se trouvent dans le sol, soit sous la forme filamenteuse, soit sous la forme sporulaire. Dans certains échantillons de terre il y a autant de spores que de bacilles, dans d'autres les spores sont en très forte minorité (Frænkel), mais toujours elles existent, car jamais on n'arrive à stériliser une terre en la chauffant à 70 degrés, température qui tue tous les bacilles et ne laisse vivre que les spores.

III. — VIE DES GERMES PATHOGÈNES DANS LE SOL

Pendant combien de temps les germes pathogènes incorporés au sol peuvent-ils conserver leur vitalité ? C'est là une étude à faire pour chacun d'eux en particulier, chacun d'eux ayant ses conditions spéciales d'existence et de résistance : or, elle est à peine commencée. Il y a à faire une distinction entre les bacilles et les spores.

En ce qui concerne les bacilles, nous savons seulement par les recherches de Grancher et Deschamps, qu'ils peuvent rester dans le sol entre 20 et 50 centimètres de profondeur durant cinq mois et demi.

Il est probable que c'est aux spores qu'est due le plus souvent la virulence du sol : la spore se conserve bien mieux que la bactérie filamenteuse; on peut maintenir desséchée de la terre durant des semaines sans tuer les spores, celles-ci résistent très bien à tous les agents de destruction, au froid, à la chaleur, à la privation d'oxygène; elles peuvent sommeiller des années dans le sol en gardant leur aptitude à la virulence. Après un ensevelissement de douze années, et peut-être bien au delà, la spore charbonneuse incorporée au sol tue les animaux auxquels elle est inoculée. Ce qui est vrai pour la spore charbonneuse doit l'être pour le vibrion septique qui, étant anaérobie, ne peut vivre dans le sol et forcément doit s'y conserver à l'état de spore et s'y conserve longtemps puisqu'on le trouve partout. De même la terre qui renferme le bacille du tétanos conserve longtemps sa virulence, puisque Raum a pu inoculer avec succès, à Varsovie, une série de lapins, avec de la terre provenant de Göttingen et conservée depuis trois ans et demi dans une éprouvette soigneusement bouchée. La même expérience positive a été faite avec de la terre de route, à Berlin et à Leipzig, et avec de la terre de Wiesbaden.

Les bacilles pathogènes peuvent-ils pulluler et se former dans le sol? *A priori* rien ne semble plus probable, car il est certain qu'avec l'infinie variation des facteurs météorologiques, combinés avec des degrés divers de richesse en matière organique, il doit y avoir des points et des moments où un bacille donné rencontrera dans le sol des conditions de température, d'humidité et de nutrition favorables à son développement.

Nous envisagerons d'abord les conditions de température :

Frænkel a placé dans le sol, à des profondeurs de 1 m. 50 à 3 mètres, des capsules d'agar et des tubes de gélatine (procédé Emarch) ensemencés avec des bacilles typhiques, cholériques et charbonneux. Voici les résultats (le signe + indique les cultures fertiles, le signe — les cultures stériles.

Du 28 avril au 16 mai

PROFONDEUR	TEMPÉRATURE MAXIMA	BACILLES		
		typhiques.	cholériques.	charbonneux.
1 m. 50.................	10°	+	+	—
2 mètres................	9°	—	—	—
3 mètres................	11°	—	—	—

Du 16 mai au 16 juin

1 m. 50.................	14°	+	+	—
2 mètres................	10°	±	—	—
3 mètres................	8°	-	—	—

Du 16 au 26 juin

1 m. 50.................	11°	+	+	—
2 mètres................	10°	+	—	—
3 mètres................	9°	+	—	—

Du 26 juin au 3 juillet

1 m. 50.................	16°	+	+	—
2 mètres................	11°	+	—	—
3 mètres................	13°	±	—	—

Du 13 au 27 juillet

1 m. 50.................	16°	+	+	±
2 mètres................	12°	+	+	—
3 mètres................	12°	+	—	—

Du 28 juillet au 12 août

1 m. 50.................	16°	+	+	±
2 mètres................	12°	+	+	±
3 mètres................	14°	+	+	+

Du 23 août au 6 septembre

1 m. 50.................	18°	+	+	±
2 mètres................	17°	+	+	±
3 mètres................	17°5	+	±	—

Du 13 au 22 septembre

1 m. 50.................	16°	+		+
2 mètres................	16°	+	+	±
3 mètres................	16°	+	+	—

Du 22 septembre au 26 octobre

1 m. 50..................	15°	+	+	+
2 mètres................	14°	+	+	±
3 mètres................	14°	+	+	—

Du 26 octobre au 8 novembre

1 m. 50..................	15°	+	±	±
2 mètres................	14°	+	±	—
3 mètres................	14°	+	—	—

Du 8 novembre au 4 décembre

1 m. 50..................	11°	+	—	—
2 mètres................	11°3	—	—	—
3 mètres................	12°	—	—	—

On voit par ce tableau que la bactéridie charbonneuse à 2 mètres de profondeur n'arrive qu'exceptionnellement à se développer, qu'à 3 mètres elle ne se développe en aucune façon et que même à 1 m. 50 son développement n'a lieu que très accidentellement. Le bacille cholérique est moins susceptible; dans les mois d'août à octobre des colonies assez nombreuses faisaient leur apparition à 3 mètres, tandis que les autres mois il n'y avait pas de développement; d'avril à juin il n'y eut aucun développement à 2 mètres, tandis qu'à 1 m. 50 le bacille a végété régulièrement. Quant au bacille typhique il n'est resté sans végéter qu'à 3 mètres de profondeur et d'avril à juin seulement : le reste du temps il a prospéré vigoureusement. (*Zeitsch, f. Hyg.*, vol. II, p. 580). Ce bacille est par conséquent celui à qui la température du sol dans nos climats convient le mieux, puis vient le bacille cholérique, celui du charbon arrive en troisième. Cela ne veut pas dire que pour ce dernier les conditions, non pas de pullulation par scissiparité, mais de sporulation ne soient souvent réalisées. Même dans nos climats tempérés, il arrive fréquemment que la température de la surface du sol soit supérieure à 15°. Que dans ces conditions du sang charbonneux tombe sur le sol, la portion qui s'infiltre à la surface est à l'état de culture pure, et il peut arriver très bien que la sporulation s'établisse avant que la dessiccation et la putréfaction n'aient le temps de se produire. Elle peut s'établir également dans la profondeur, lorsqu'on vient d'enfouir le cadavre d'un animal charbonneux : il s'écoule du nez et de l'intestin du liquide charbonneux qui imprègne la terre fraîchement remuée : les bactéridies trouvent l'oxygène qui faisait défaut dans l'intérieur du cadavre, et la chaleur est fournie par le cadavre non encore refroidi ou en voie de putréfaction.

Humidité. — Fodor fixe à 2 p. 100 le degré d'humidité nécessaire dans le sol pour que des germes s'y développent ; au-dessous de ce minimum aucune espèce ne peut y végéter.

Soyka a cultivé la bactéridie charbonneuse sur un sol artificiel, formé de perles de verre très petites, et il a trouvé :

1º Que la sporulation se fait beaucoup plus rapidement dans un sol humide que dans un liquide de culture ;

2º Qu'il y a un certain degré optimum d'humidité du sol auquel la sporulation se fait particulièrement bien.

Il explique ces faits de la façon suivante : Le liquide incorporé au sol s'étale en une couche extrêmement mince, tapissant tous les grains, les plus fins y compris. Dans cette nappe si mince la diffusion est à peu près nulle ; il en résulte que les liquides nutritifs s'épuisent sur place.

Il y a donc présence d'oxygène : appauvrissement du milieu nutritif et accumulation du produit de la vie des bacilles, toutes conditions qui favorisent la sporulation comme sur un milieu solide, pomme de terre ou gélatine.

Milieu nutritif. — Les microbes pathogènes ont, en général, pas tous, besoin pour vivre d'un milieu de culture très riche et bien déterminé ; ils font en cela contraste avec les saprophytes, qui, eux, se multiplient avec des substances nutritives de toute nature.

Shrakamp a constaté un développement de bactéridies charbonneuses dans de la terre stérilisée au préalable et mélangée à de l'urine, à du sérum, à de la gélatine nutritive. Nous avons déjà dit que Koch a pu faire prospérer le bacille cholérique à la surface d'une terre humide.

Toute l'épidémiologie des maladies infectieuses d'origine tellurique (fièvre typhoïde, dyssenterie, paludisme, ictère épidémique, choléra, fièvre jaune, etc.) est là pour nous faire penser que les microbes pathogènes prospèrent particulièrement bien dans des terres riches en matières organiques. Mais la démonstration directe reste à faire en entier.

DESTRUCTION DES GERMES PATHOGÈNES DANS LE SOL

Heureusement, il s'en faut de beaucoup que les germes pathogènes ne rencontrent dans le sol que des conditions de vie ; bien au contraire, ils y trouvent surtout des causes de mort. Le sol est un grand foyer qui, de même qu'il consume la matière organique, détruit aussi les microbes pathogènes. Nous allons passer en revue les facteurs que la nature met en œuvre pour opérer cette destruction.

1º *Dessiccation.* — La dessiccation est un fait fréquent à la surface du sol où elle est, à certains jours d'été, poussée à un degré considérable. Or elle est préjudiciable à beaucoup de germes dont elle anéantit la vitalité plus ou moins vite. Koch et Duclaux nous ont appris qu'elle est surtout fatale aux microcoques ; le premier de ces observateurs attribue à cette cause la rareté relative des microcoques à la surface du sol; le second a démontré que ces organismes sont tués avec une rapidité extrême lorsqu'à la dessiccation se joint l'action de la lumière solaire.

Netter fixe à trois semaines la limite extrême à laquelle les pneumocoques desséchés conservent leur virulence. On sait que le bacille cholérique est extrêmement sensible à la privation d'eau, et qu'à l'état sec il meurt très rapidement. Il en est de même de la bactéridie charbonneuse à l'état bacillaire qui, même au sein de masses charnues assez volumineuses, ne se conservent pas plus de trois à quatre semaines : leurs spores, au contraire, résistent admirablement à la dessiccation.

Par ce qui a été dit plus haut on peut se convaincre que les conditions de température ne sont pas toujours favorables à la pullulation des germes pathogènes, et que les conditions sont d'autant plus défavorables qu'on s'avance plus vers la profondeur où la température est, en général, trop basse pour permettre à ces germes de se développer. La température de la surface est-elle parfois assez considérable pour tuer les bacilles ? Cela est certain, puisqu'elle monte parfois, même dans nos climats, au-dessus de 50º en été (54º en juillet à Magdebourg).

Les couches tout à fait superficielles du sol sont riches en oxygène; à une très petite profondeur déjà l'acide carbonique devient abondant. Cela veut dire qu'à la surface les anaérobies ne pourront pas végéter, c'est le cas pour le vibrion septique, et que vers la profondeur les conditions sont défavorables pour les aérobies, tels que la bactéridie charbonneuse.

Nous arrivons maintenant aux deux causes de destruction de beaucoup les plus puissantes que les microbes pathogènes rencontrent dans le sol et qui sont : la concurrence des saprophytes et l'action de la lumière solaire. Mais avant d'aborder ce sujet, nous devons bien faire remarquer que, ni la végétation, ni la culture, ne sont capables par elles-mêmes d'anéantir les germes du sol (Pasteur).

Concurrence des saprophytes. — Les bactéries pathogènes ont à soutenir dans le sol une concurrence redoutable avec les saprophytes qui vivent en promiscuité avec elles et leur disputent l'espace et la nourriture : cette lutte de tous les instants est presque toujours en défaveur des pathogènes. En effet, de ce que des expérimentateurs aient réussi à cultiver la bactérie charbonneuse sur un sol *stérilisé*, il ne faut pas se hâter de conclure que les choses se passent ainsi dans la pratique. Il suffit d'ajouter à de l'urine stérilisée une des bactéries communes de l'eau pour que la bactéridie charbonneuse ne puisse plus s'y développer, ou, si elle s'y développe, ce sera pauvrement et elle périra après un temps plus ou moins court (Pasteur). De fait, Koch a essayé en vain de cultiver la bactéridie charbonneuse dans le terreau, la terre riche en humus, provenant des rives d'un fleuve, dans la vase, dans la boue mélangée d'eau, le tout non stérilisé ; jamais il n'a constaté le moindre développement. Praussnitz, au laboratoire de Flügge, a fait des recherches du même genre, et jamais, dans aucune espèce de terre, ni avec aucun fumier, il n'a obtenu une multiplication de bactéries pathogènes.

Le bacille du tétanos fait exception et végète très bien en compagnie d'autres espèces, à telle enseigne qu'on a cru presque tout dernièrement qu'il était impossible de l'obtenir à l'état de culture pure.

Action de la lumière. — Le 18 octobre 1877, MM. Downs et Blunt ont, dans une communication faite à la Société royale de Londres et intitulée : « Researches on the Effect of the Light upon Bacteria and other Organisms », attiré les premiers l'attention sur le rôle important qui revient à la lumière dans l'œuvre de destruction des germes pathogènes. Depuis lors de nombreux travaux ont été publiés sur cette question, notamment par MM. Duclaux, Tyndall, Arloing, Nocard, Straus, Roux, Gaillard. Malgré des divergences de détail, il se dégage dès à présent de ces recherches une vérité incontestée, c'est que la lumière solaire exerce une action sur certaines espèces de bacilles, que cette action ne leur est pas favorable, mais au contraire préjudiciable, et que le préjudice porté est en raison directe de l'intensité de la lumière.

Duclaux a démontré que la lumière solaire a une action destructive sur les bacilles même munis de leurs spores, mais surtout sur les microcoques ; que ceux-ci sont moins résistants, insolés à l'état sec, que lorsqu'ils sont contenus dans un liquide de culture; que la mort de tous les microbes est d'autant plus rapide que l'insolation est plus forte, et est plus prompte même sous un soleil faible qu'à l'obscurité et à la lumière diffuse. Dans les expériences de Duclaux, la durée minima de la résistance a été de 12 heures d'insolation en juillet pour les microcoques ; la durée maxima a été de deux mois pour les spores de bacilles, insolées à l'état sec en août et septembre. L'action est d'autant plus intense que l'oxygène a plus libre accès : elle porte sur les bacilles filamenteux comme sur les spores. On n'est pas encore d'accord sur la question de savoir si l'action de la lumière tue la spore lorsqu'elle est encore à l'état de spore ou lorsqu'elle a déjà subi un commencement de germination.

Pour résumer l'état actuel de la question, nous ne croyons pouvoir mieux faire que de reproduire les conclusions auxquelles est arrivé M. Gaillard, après une série d'expériences exécutées l'année dernière à Lyon sous la direction de M. Arloing. Voici ces conclusions en ce qui concerne les germes pathogènes :

1° Plusieurs d'entre eux perdent rapidement de leur vitalité sous l'action des rayons solaires, qu'ils soient sous la forme durable ou sous la forme filamenteuse : les microcoques sont particulièrement sensibles à cette action;

2° La rapidité avec laquelle les microbes sont détruits varie avec les divers milieux de culture;

3° Une insolation d'une durée connue est capable d'atténuer la virulence des microbes dans une telle mesure qu'ils deviennent vaccins. Cela est vrai pour la bactéridie charbonneuse;

4° La présence de l'air renforce, l'absence de l'air mitige l'action de la lumière ;

5° Chacune des couleurs du spectre exerce une action spéciale qui est toujours inférieure à celle de la lumière blanche;

6° Enfin l'action de cette dernière est en raison directe de son intensité.

Nous devons donc, avec M. Duclaux, considérer la lumière solaire comme « l'agent d'assainissement à la fois le plus universel, le plus économique et le plus actif auquel puisse avoir recours l'hygiène publique ou privée ».

Le meilleur procédé pour détruire les germes pathogènes, en dehors des mesures directes de désinfection, consiste donc à les répandre sur des champs où se pratique la culture intensive ; plus les remuements du terrain seront fréquents et plus la totalité des germes aura été rapidement exposée à l'action destructive de la lumière et de l'air : la terre devra donc être travaillée fréquemment pour multiplier les surfaces éclairées (Dandrieu). Les champs d'irrigation où se pratique la culture intensive sont donc de vastes ateliers de désinfection. On voit d'autre part, par l'expérience des pays palustres, à quel point la culture intensive fait disparaître le paludisme : il convient d'ajouter qu'en ameublissant périodiquement le sol, outre qu'on l'insole, on l'assèche et on augmente sa richesse en oxygène.

On a aussi fait la remarque que les places ombragées sont favorables à la transmission du charbon, et qu'il a suffi parfois de déboiser ces places pour empêcher les contaminations ultérieures.

Atténuation de la virulence dans le sol. — Nous venons de voir, dans les conclusions de M. Gaillard, que la virulence des germes peut être atténuée sous l'influence de la lumière. On sait en effet que la virulence est une qualité essentiellement contingente.

A côté de l'action de la lumière, d'autres causes interviennent pour opérer l'atténuation de la virulence : la première est que les germes pathogènes ne rencontrent pas dans le sol la nourriture qui leur convient ; la seconde est l'action de l'oxygène. Quand on songe qu'une première culture du bacille typhique tiré de la rate tue régulièrement la souris, mais qu'avec une troisième, et à plus forte raison avec une quatrième culture on échoue toujours, on ne peut s'empêcher d'admettre que des atténuations semblables doivent souvent se produire au sein du sol. Il semble en effet ressortir des expériences de Feltz que la bactéridie charbonneuse peut subir dans le sol une atténuation de virulence sous l'influence de l'oxygène de l'air.

V. — ACTION DES BOULEVERSEMENTS DE TERRAINS

Il a été dit que l'ameublissement périodique du terrain était un précieux moyen de le débarrasser de ses germes pathogènes : mais lorsque cet ameublissement porte sur des terrains qui n'ont pas été remués depuis longtemps, il y a une première période qui est caractérisée au contraire par une pullulation parfois colossale des germes (Fraenkel).

Les microbes pathogènes profitent-ils de cette circonstance ou en pâtissent-ils ? On ne sait, mais des épidémies éclatant brusquement après des bouleversements de terrain, rendent le fait sinon certain ni probable, du moins admissible. Nous savons par Frænkel que la multiplication des germes se fait dans les premiers jours, dure trois à quatre jours puis diminue rapidement.

Les échantillons provenant des couches profondes sont ceux qui présentent les pullulations les plus remarquables. Entre 0 m. 25 et 0 m. 75 de profondeur, la multiplication est bien active; elle manque totalement pour les échantillons de la surface. Pour les couches superficielles, la pullulation porte en général sur toutes les espèces présentes. Mais pour les couches profondes, il est une règle de voir l'une ou l'autre des espèces se développer à peu près exclusivement. La pullulation a été la même, que les échantillons aient été conservés à la température extérieure ou bien mis dans de la glace (où la température des échantillons était souvent à 10 ou 12 degrés). Des écarts assez sensibles de température (dans les températures au-dessous de 20 à 25 degrés), n'ont par conséquent aucune influence appréciable.

L'oxygène, l'humidité moindre ne semblent pas non plus être les facteurs déterminants de cette pullulation. Car dans l'air puisé dans le sol même cette pullulation s'effectue comme à l'air libre; elle s'effectue dans l'air le plus humide comme dans l'air sec : dans l'air très sec seulement elle est entravée.

Il y a donc là un *nescio quid* qui favorise la pullulation.

La multiplication s'effectue tout aussi bien dans les couches profondes lorsqu'elles sont mises à nu par des travaux de terrassement. Frænkel a même démontré que dans les terrains ameublis la multiplication est beaucoup plus active dans les couches profondes que dans les couches superficielles, et il explique cette particularité par ce fait que de la matière nutritive serait toujours disponible dans les couches profondes, tandis qu'elle serait consommée au fur et à mesure dans les couches superficielles. Mais un fait constant est la multiplication colossale des germes dans les terrains ameublis, elle semble être plus colossale encore que celle de l'eau au repos.

La multiplication est particulièrement active dans les terrains vierges : de là le danger des défrichements.

Nous devons surtout retenir ceci : que dans la profondeur *dorment* des bactéries que l'exhumation *réveille*. Cela nous explique ces épidémies d'ictère, de fièvre palustre, de fièvre typhoïde, de dysenterie, de fièvre jaune, qui éclatent brusquement à l'occasion d'un bouleversement de terrains, des terrassements nécessités par l'agriculture et l'industrie.

A la Nouvelle-Orléans, la première épidémie de fièvre jaune a coïncidé avec le percement du canal de Carondelet, et beaucoup des épidémies graves ultérieures ont eu pour cause des travaux de canaux. Et sur beaucoup de points du littoral mexicain et du golfe des Antilles on a remarqué que le nombre des malades et morts par fièvre jaune avait son maximum autour des points où l'on faisait des ouvrages de terrassement et parmi les ouvriers employés à ces ouvrages.

« Quelques faits, ayant presque la valeur d'une expérience, montrent la dysenterie naissant avec les allures épidémiques, immédiatement à la suite du curage d'un canal, d'un étang, etc.

Le docteur Vivien rapporte qu'une épidémie de dysenterie se déclara dans le hameau de Graverand (Cher) en 1873, coïncidant avec le curage et le dessèchement du canal latéral de la Loire (Kelsch et Kiener, *Traité des Mal. des pays chauds*, p. 102). Les mêmes auteurs rapportent, d'après Boullay, une épidémie de dysenterie et de fièvres palustres qui se déclara à Saint-Aignan (Loiret), à la suite du curage du biez d'un moulin de un hectare de surface : on enleva et on jeta sur la berge une couche de 0ᵐ,75 à 1 mètre de boue vaseuse : 5 jours après éclate le paludisme, 10 jours après la dysenterie. En 1850, à Leymen (Haut-Rhin) éclate une épidémie grave de dysenterie à la suite du curage d'un vaste réservoir d'eaux vaseuses situé au milieu du village.

VI. — PAR QUELLES VOIES LES GERMES PATHOGÈNES PEUVENT-ILS QUITTER LE SOL ET INFECTER L'HOMME OU LES ANIMAUX ?

Ces voies sont multiples.

L'homme et les animaux sont des agents actifs de dissémination des germes : la terre qui adhère à leur corps, à leurs pieds, aux chaussures, est transportée avec les germes qu'elle recèle dans l'intérieur des habitations où elle se sèche, est porphyrisée par le piétinement et transformée en poussière qui se diffuse dans la maison par les voies habituelles.

Les insectes prennent également une grande part à cette œuvre de dissémination; les limaces peuvent aussi y contribuer, ainsi que cela a été démontré récemment. (*Annales de l'Institut Pasteur*, 1889.)

Les vers de terre avalent avec la terre dont ils se repaissent des spores charbonneuses et d'autres germes qui peuvent être causes de maladies, entre autres ceux de la putréfaction et des septicémies. (Pasteur, *Comptes rendus*, 1880.)

Cette opinion, combattue par Koch, a été confirmée par Bollinger (*Annales de l'Institut Pasteur*, t. I, p. 407). Les vers qui ont mangé l'humus autour des cadavres charbonneux enfouis, remontent les spores charbonneuses à la surface du sol. Ainsi que le fait remarquer Roux, cet apport lent et incessant des germes du fond des fosses peut seul expliquer pourquoi on trouve pendant si longtemps le virus du charbon à la surface du sol où l'on a enfoui des animaux charbonneux, alors que tant d'autres causes agissant à la surface tendent à le détruire ou à le disperser.

Les germes pathogènes peuvent être adhérents aux produits du sol, au foin (Rietsch), aux racines, tubercules, salades; ils sont incorporés aux petits blocs de terre qui adhèrent à ces produits. On a donné le tétanos à des animaux en leur insérant sous la peau des parcelles de terre qui adhéraient à des pommes de terre et à d'autres légumes. Jamais ces germes ne se trouvent dans l'intérieur des tissus végétaux. (Grancher et Deschamps.)

Il est aujourd'hui démontré que l'air qui passe à travers le sol n'a jamais une vitesse suffisante pour entraîner le moindre germe, et que la terre est toujours suffisamment humectée pour s'opposer à cet entraînement. Les conditions sont tout autres pour les vents et la couche tout à fait superficielle qui souvent est desséchée et réduite en fine poussière.

Les courants d'air soulèvent cette poussière et l'entraînent jusqu'à ce qu'elle retombe en vertu de son propre poids. Dans ce mélange complexe qui constitue la poussière, les germes pathogènes tiennent souvent leur place ; ils adhèrent en général à des corps assez volumineux, à ceux de dimension assez grande pour qu'on puisse les voir dans un rayon de soleil. La poussière, quand elle n'est pas maintenue par un courant particulièrement fort, retombe à la surface du sol d'où elle est soulevée par un courant ultérieur. La poussière de l'atmosphère est donc en grande partie une annexe du sol. Dès qu'il y a humidité il n'y a plus poussière. Ne pourront donc être propagés par cette voie que les germes qui peuvent résister à la dessiccation pendant un temps assez long; nous avons dit que les spores sont dans ce cas.

Les eaux *de surface* charrient les germes et les entraînent avec elles : lorsque les puits ou les sources sont mal garantis contre l'infiltration de ces eaux, celles-ci leur apportent tous les microbes pathogènes dont elles sont chargées. Cette diffusion des germes prend des proportions extrêmes aux périodes d'inondation.

Une question qui intéresse au plus haut point l'hygiène, est de savoir si et dans quelles conditions les microbes pathogènes peuvent se mélanger aux eaux souterraines d'où nous tirons notre eau d'alimentation.

Dans les conditions ordinaires la nappe souterraine est garantie contre l'immigration des microbes provenant de la surface par la couche de sol protectrice qui la recouvre; car, en général, cette nappe est au-dessous de la zone occupée par les bactéries. Pasteur a démontré, il y a déjà longtemps, que l'eau de source est exempte de germes.

Frænkel a publié récemment (*Zeitsch. f. Hyg.*, 1889, p. 23) une nouvelle série de recherches très intéressantes, d'où il résulte que dans un quartier central de Berlin, dans un sol souillé depuis des siècles par la présence d'habitations humaines, la nappe souterraine, située à 4 mètres de profondeur, est absolument exempte de germes. Sans pouvoir affirmer d'ores et déjà que ce fait est vrai d'une façon générale, nous ferons remarquer qu'il est corroboré par le peu que nous savons sur ce sujet. A Gennevillers, la nappe souterraine qui sort des drains, et qui pourtant n'est qu'à 2 mètres, ne renferme qu'une proportion de germes minime (jusqu'à 12 centimètres cubes).

Mais il peut arriver que cette couche ne soit pas assez épaisse, que la zone bactérienne plonge dans la nappe elle-même (Bretagne), ou que des fissures naturelles rompent accidentellement et temporairement cette couche protectrice, ou encore que des effractions artificielles (puits, fosses, tranchées, etc.) aient supprimé la couche protectrice et livré la nappe à la souillure (cas de Pierrefonds?), et, dans ce cas, les bactéries chemineront d'autant plus vite et plus loin que les pores du terrain seront plus larges. Il est difficile de dire quel chemin elles peuvent parcourir ainsi ; mais il est certain que des distances de plusieurs mètres peuvent être franchies ainsi, comme le démontrent les nombreuses épidémies de fièvre typhoïde occasionnées par l'usage de l'eau de puits voisins de fosses d'aisance non étanches.

On peut considérer les parois d'un puits, d'une fosse d'aisance ou d'un puisard non étanche, et en général de toutes les excavations creusées à même dans la terre, comme des prolongements en doigt de gant de la surface. Les règles qui régissent la répartition des germes dans le sens vertical à la surface du sol, sont-elles également vraies pour les parois de ces excavations *dans le sens horizontal?*

Autrement dit, si l'on faisait un forage horizontal sur la paroi d'un puits, en un point situé à 3 mètres de profondeur par exemple, trouverait-on d'abord une zone riche en bactéries, puis une diminution brusque et enfin une absence complète ? Il est impossible de le dire, cette étude n'étant même pas ébauchée. Tout ce qu'on peut dire, c'est qu'à la surface même de ces parois, les germes ne sont troublés ni par la lumière, ni par l'oxygène, ni par la dessiccation, au même degré que ceux de la surface même du sol ; au contraire, les conditions constantes d'humidité et de chaleur leur sont favorables. D'ailleurs les conditions sont absolument différentes pour une fosse ou un puisard non étanches qui reçoivent constamment des myriades de nouveaux germes par le haut et qui laissent filtrer leur liquide dans le terrain envoisinant et un puits d'où, au contraire, on extrait constamment avec l'eau les germes qui s'y trouvent et vers lequel l'eau afflue.

En attendant des données plus précises, nous pouvons dire qu'une fosse d'aisance est d'autant plus dangereuse pour un puits que le voisinage est plus immédiat ; mais nous ne connaissons pas la limite où tout danger cesse.

RÉSUMÉ

Les germes pathogènes déposés sur le sol sont surtout cantonnés dans les couches les plus superficielles : à la faible profondeur de 0 m. 50 à 1 mètre, on n'en trouve plus que très peu.

Les germes pathogènes se multiplient difficilement dans le sol, mais peuvent s'y conserver longtemps à l'état de spores.

Les germes pathogènes du sol sont détruits par la concurrence des saprophytes ; ceux de la surface le sont surtout par l'action de la lumière solaire ; celle-ci doit être considérée comme un puissant agent d'assainissement.

La culture intensive qui ramène successivement à la surface les germes de la profondeur, est le meilleur procédé pour détruire les germes pathogènes du sol.

Les bouleversements de terrain mettent en circulation une grande quantité de germes pathogènes.

Une couche continue de 2 à 3 mètres de terre suffit en général pour protéger la nappe souterraine contre l'apport de germes pathogènes.

BIBLIOGRAPHIE

ARLOING. — *Influence de la lumière sur la végétation et les propriétés pathogé-*
nes du Bacillus anthracis. Comptes rendus de l'Académie des Sc. T. C,
p. 378.

— *Influence du soleil sur la végétabilité des spores du bac. anthracis.* Id. T. CI,
p. 511.

— *Influence du soleil sur la végétation, la végétabilité et la virulence des cultu-*
res du bac. anthracis. Ibid. p. 535.

— *Influence de la lumière blanche et de ses rayons constituants sur le dévelop-*
pement et les propriétés du bac. anthracis. Arch. de Physiol. norm. et path.
Année 1886, p. 209.

BEUMER, — *Zur aetiologischer Beduntung der Tetanos bacillen.* Berliner Klinis-
che Wochensch. 1887, n° 30.

BOUNOME. — *Sur l'étiologie du tétanos.* Arch. ital. de Biologie. T. IX, fasc. I.

CHAMBERLAND. — *Le charbon et la vaccination charbonneuse.* In-8, Paris,
1886.

DANDRIEU. — *Influence de la lumière dans la destruction des bactéries pour*
servir à l'étude du tout-à-l'égout. Ann. d'Hyg. Année 1888, p. 448.

DOWNES et BLUNT. — *Researches on the effect of Light upon Bacteria and*
other Microorganisms. (Proceedings of The Royal Society of London. Vol.
XXXI, p. 488.)

DUCLAUX. — *Influence de la lumière sur la vitalité des germes des microbes.*
(Comptes rendus de l'Ac. des Sc. T. C, p. 119.)

— *Influence de la lumière du soleil sur la vitalité des micrococcus.* (Id. T. CI.
p. 395.

— Annales de l'Institut Pasteur, 1887, p. 88.)

EISELSBERG. — *Experimentelle Beiträge Zur Aetiologie des Wundstars Kramp-*
fes. Wiener Klin. Wochensch. 1888, n°ˢ 10, 11, 12 et 13.

FELTZ. — *Expériences démontrant que dans certaines conditions le virus char-*
bonneux s'atténue dans la terre. (Comptes rendus de l'Ac. des Sc. T. CII,
p. 132.)

FODOR. — *Hygienische Untersuchungen über Luft, Boder und Wasser.*

FRÄNKEL. — *Ueber das Vorkommen von Microorganisme in versebiederer Bo-*
denschichter. (Zeitsch. f. Hygiene 1887, p. 521.)

FRÄNKEL. — *Untersuchungen ueber Brunnerdesinfection und der Keimgehalt des Grundwassers*. (Id. 1889, p. 23.)

GAILLARD. — *De l'influence de la lumière sur les micro-organismes*. (Thèse de Lyon, 1888.)

GIORDANO. — *Contributo all'etiologia del Tetano*. (Giorn. dell'Accad. di Med. di Torino, 1887, n°s 3 et 4.)

GRANCHER et DESCHAMPS. — *Recherches sur le bac. typhique dans le sol*. (Arch. de méd. expérim. et d'Anat. pathol. I⁰ année, p. 33.)

James JAMISON. — *On the influence of Light on the development of Bacteria*. Nature. Vol. XXVI, p. 244.

— *The influence of Light on Bacteria*. (Transactions und Proceedings of the Royal Society of Victoria, Vol. XX, p. 2.)

KITASATO — *Le bacille du Tétanos*. (Communication faite au 18⁰ Congrès de la Société allemande de chirurgie. Avril 1889. Semaine médicale.)

KLEBS. — Allgemeine Pathologie. P. 85 et p. 101.

MORISANI. — *Ricerche sperimentali sulla etiologia del tetano traumatico*. Naples, 1887.

NETTER. — *La Contagion de la Pneumonie*.

OHLMULLER et GOLDSCHMIDT. — *Ueber ein Bacterienbefund beim menschlichen Tetanus*. (Centralblatt f. Klin. Medizin, 1887, n° 31.)

PASTEUR. — Comptes rendus de l'Académie des Sciences. (Passim.)

RAUM. — *Zur Aetiologie des Tetanus*. (Zeitsch. f. Hygiene, 1889, p. 509.)

— *Der gegenwärtige Stand unserer Kentnisse ueber der Einfluss der Lichtes auf Bacterien und auf den thierischen Organismus* (Zeitsch. f, Hyg. 1889, p. 312.

RICHARD. — *La destruction des matières organiques dans le sol*. Revue d'Hyg. T. VII, p. 379.

RIETSCH. — *Sur le Tétanos expérimental*. (Comptes rendus de l'Ac. des Sciences. T. CVII, p. 400.

ROUX. — Annales de l'Institut Pasteur. I⁰ année.

SHRAKAMF. — Archiv für Hygiene. 1884, p. 335.

SOYKA. — Handbuch der Hygiene de Pettenkofer et Ziemssen. *Der Boden*.

STRAUS. — Société de Biologie, 1886, p. 473.

TYNDALL. — *Note of the influence exercised by Light on organic Infusions*, (Proceedings of The Royal Society of London. Vol XXVIII, p. 212.)

— *On the arrestation of infusorial Life*. Nature. Vol. XXIV, p. 406.

VAILLARD. — *Cours de Bactériologie professé à l'École d'application du Val-de Grâce*. (Inédit.)

WIDENMANN. — *Beitray zur Aetiologie der Wundstarrkrappfer*. Zeitsch. f. Hyg. 1889, p. 522.

Imprimerie Edmond Monnoyer.

LES ANNALES ÉCONOMIQUES

ANCIENNE *FRANCE COMMERCIALE*

La Revue paraît le 5 et le 20 de chaque mois

CONDITIONS D'ABONNEMENT

Paris : Un an. **20** fr ; Départements : Un an, **22** fr.
Étranger : Un an, **24** fr.

Les Abonnements partent du 5 de chaque mois

On s'abonne sans frais dans tous les Bureaux de poste de France et de l'Union postale.

Ce Recueil est honoré de Souscriptions des Ministères du Commerce et de l'Industrie, de l'Agriculture, de la Marine et des Colonies, du Conseil municipal de Paris, des Grandes Administrations de l'État et des Principales Écoles de Commerce de France et de l'Étranger.

ARMAND MASSIP, *Directeur-Gérant* ;
EMILE BERR, membre de la Société d'économie politique, *Rédacteur en chef.*

COMITÉ DE RÉDACTION :

MM.

BARBE. ✻, député ; BARBEY, ✻, sénateur ; BURDEAU, ✻, député ; E. CHABRIER, O ✻, administrateur de la Compagnie générale transatlantique ; G. COMPAYRE, ✻, et PAUL DESCHANEL, députés ; LÉON DONNAT, O ✻, membre du Conseil municipal de Paris ; EUGÈNE ÉTIENNE, FÉLIX FAURE, ✻, FERNAND FAURE. députés ; FOURNIER DE FLAIX. publiciste ; GERVILLE-REACHE, député ; ISAAC, sénateur ; JAMAIS, JAURES, députés ; JOURDAN, ✻. directeur de l'École des Hautes Études commerciales ; DE LANESSAN, député ; F LEVASSEUR, O ✻, membre de l'Institut ; A. PRADON. député ; ARTHUR RAFFALOVICH, ✻, publiciste ; A. RENOUARD, vice-président de la Société industrielle du nord de la France ; JULES RUEFF, ✻, armateur ; SABATIER. député ; YVES GUYOT, député.

CORRESPONDANTS ÉTRANGERS :

MM.

I.-H. LÉVY, de Londres ; M. MATAJA, professeur à l'Université de Vienne (Autriche) ; VAN HOUTEN, membre de la deuxième chambre des États Généraux de la Haye ; J. WEILLER, ingénieur aux charbonnages de Mariemont et Bascoup (Belgique).

Les Annales Economiques contiennent, indépendamment de la publication régulière d'études originales dues à la plume autorisée des écrivains qui composent le Comité de Rédaction, la reproduction et le commentaire des principaux articles de Revues et de Journaux et des documents officiels récemment publiés ; les comptes rendus de conférences ; l'analyse des ouvrages nouveaux ; et — dans une **Revue Économique** *générale — l'ensemble des informations relatives au mouvement industriel et commercial de la France et de l'Étranger.*

Aux mains de tous ceux qu'intéressent les questions économiques, elles constituent un résumé complet, une sorte de memento *raisonné de tout ce qui s'est dit ou écrit d'important ou d'original sur ces questions, pendant la quinzaine écoulée.*

Les **Annales Economiques** *paraissent en livraisons de 100 pages ; elles forment donc un volume de 1,200 pages, chaque semestre.*

Grâce au prix très modique de l'abonnement, elles constituent le plus avantageux des ouvrages de vulgarisation économique qui ait été créé jusqu'ici.

Le Mans. — Typographie Edmond MONNOYER.